Das Englein mit dem goldenen Näschen

Eine Weihnachtsgeschichte
von Margot Meusel
mit Bildern von Elfriede Türr

Pestalozzi-Verlag, 852 Erlangen

Auf einer großen Wolke sind viele, viele Englein damit beschäftigt, sich auf das liebe Weihnachtsfest vorzubereiten. Überall werden Nüsse vergoldet, Äpfel blankgerieben und fertige Päckchen mit roten Bändern verschnürt. Wenn die Engel aus der Weihnachtsbäckerei frisches Gebäck bringen, werden sie jedesmal von den herrlichsten Düften begleitet. Allen läuft das Wasser im Munde zusammen! Aber naschen dürfen die Englein nichts, denn alles ist ja für die Kinder auf der Erde bestimmt.

Aber die Arbeit wird voll freudiger Erwartung getan. Plötzlich wird es mucksmäuschenstill. Der Heilige Nikolaus steht auf einmal da und niemand hat ihn kommen sehen. Aber sein gutes Gesicht strahlt vor Vergnügen, und wohlgefällig sieht er auf seine fleißigen Schützlinge hinab. „Das habt ihr wirklich nett gemacht", sagt er. „Aber wenn ihr hier fertig seid, müssen wir noch einmal unsere Lieder und Musikstücke proben. Ihr wißt ja, so recht hat

es gestern noch nicht geklappt." Gerade, als er wieder gehen will, fällt sein Blick auf das allerkleinste Englein. Es sitzt am Rand einer Wolke und ist ganz mit Gold beschmiert. Sogar auf dem winzigen Näschen sitzt ein goldener Fleck. Aber warum weint es denn so sehr? Der Nikolaus kommt näher und sieht überall Kuchenkrümel und Nußschalen herumliegen. Der kleine Tunichtgut hat die Nüsse nicht vergoldet, sondern geknackt und aufgefuttert. Und nun hat er Bauchschmerzen bekommen. Der gute Nikolaus nimmt den kleinen Sünder bei der Hand und

führt ihn zur Hausapotheke, aus welcher das Englein ein paar Magentropfen bekommt. Einige Zeit später findet die Generalprobe für die kleinen Sänger und Musikanten statt. Der Nikolaus ist schon recht zufrieden. Doch bei der letzten Melodie legt er seine Hand hinter das rechte Ohr, um genauer hören zu können. So gut auch sonst gespielt wird, irgendeine Flöte quietscht immer gräßlich daneben. „Ich möchte bloß wissen, wo dieser unmusikalische Störenfried steckt",

murmelt er vor sich hin. Natürlich ist es das naschhafte Engelchen von heute morgen. Obwohl es sich hinter dem Rükken eines anderen Engleins versteckt, entdeckt es der Nikolaus doch. „Du bist wohl doch noch etwas zu klein zum Mitspielen", sagt er und läßt sich die Flöte geben. Der verhinderte Musikant setzt sich schmollend auf den Wolkenrand und läßt seine Beinchen hinabbaumeln. Interessiert schaut er den Schneeflocken zu, die der Wind manchmal zu einem lustigen Tanz antreibt.

Dann wieder schweben sie langsam und gemessen immer tiefer und tiefer. Als unser Englein sich einmal vorn-überbeugt, um einer besonders dicken Flocke nachzuschauen, purzelt es kopf-über hinterher. Ist das ein Schreck! Ein Glück, daß es sich noch zur rechten Zeit an seine Flügelchen erinnert! So landet es doch noch wohlbehalten auf der Erde – in der Nähe eines kleinen Dorfes, das ganz verschneit zwischen spitzen Hügeln und dunklen Tannen daliegt. Geschwind fliegt das Engelchen

auf die hell erleuchteten Fenster zu. Als das Englein an das erste Haus kommt, schaut es neugierig zu einem Fenster hinein und preßt dabei sein vergoldetes Näschen an die Scheibe. In der Stube hat gerade ein kleiner Junge seine Geschenke bekommen. Plötzlich hebt er den Kopf und entdeckt das Englein. Als er mit großen, erstaunten Augen auf das Fenster zugeht, fliegt das Englein schnell weiter. Auf der Fensterscheibe aber ist ein goldener Fleck zurückgeblieben. „Mutti!" ruft der kleine Junge, „gerade war ein Englein am Fenster.

Sieh nur den goldenen Fleck!"
Die Christnacht ist herangekommen. Unter dem dunklen Himmelszelt mit seinen flimmernden Sternen streben die Menschen ihrem Kirchlein zu. Auch der kleine Junge muß seine neuen Spielsachen für kurze Zeit verlassen. Nun stapft er zwischen seinen Eltern durch den tiefen Schnee. Plötzlich bleibt er stehen und zeigt auf einige Stellen, an denen das reinste Gold schimmert – hier ein Tupfen am Zaun, dort ein Fleck am Strauch. Die Spur führt den ganzen Weg entlang bis hinauf zur kleinen Dorfkirche.

„Hier ist das Engelchen vorbeigekommen, das vorhin durch unser Fenster geschaut hat", sagt der kleine Junge aufgeregt. „Ganz bestimmt!" Die Mutter lächelt fein und zieht ihn weiter. Als die Gemeinde in der Kirche ein Weihnachtslied singt, blickt der kleine Junge mit glänzenden Augen zur Decke. Dort sind prächtige Gemälde zu sehen. Und all diese Bilder sind von vielen Englein umgeben. Aber eines von ihnen bewegt sich ja!

Der kleine Junge hält den Atem an. Sein Englein sitzt da oben und sieht mit einem schelmischen Lächeln auf ihn herab. Dann fällt es mit seinem glockenhellen Stimmchen in den Gesang ein:

„Stille Nacht, Heilige Nacht..." –

Im Himmel wird das Englein schon vermißt. Als es nach dem Weihnachtsgottesdienst wieder in den Himmel kommt, hat es wirklich viel zu erzählen.

Ja, da kommen all die anderen Englein aus dem Staunen nicht mehr heraus!